capa e projeto gráfico **FREDE TIZZOT**
encadernação **LAB. GRÁFICO ARTE & LETRA**
ilustração da capa **LARISSA ODARP**

© Editora Arte e Letra, 2025

S 163
Sales, Cristiano de
Riscos de permanência / Cristiano de Sales. – Curitiba : Arte & Letra, 2025.

92 p.

ISBN 978-65-87603-83-4

Poesia brasileira   I. Título

CDD 869.1

Índice para catálogo sistemático:
1. Poesia : Literatura brasileira   869.1
Catalogação na Fonte
Bibliotecária responsável: Ana Lúcia Merege - CRB-7 4667

Arte e Letra
Curitiba - PR - Brasil
Fone: (41) 3223-5302
www.arteeletra.com.br - contato@arteeletra.com.br
@arteeletra

Cristiano de Sales

riscos de permanência

exemplar nº 101

Curitiba
2025

Para Cristina e Leonardo

"[...]
Passamos alheios ao lado do único absoluto tesouro,
O instante, o glorioso instante, o instante eterno
Em que *fôssemos*, e sendo nos cravássemos na eternidade do ser,
Na hora do ser, no ser *agora*!
[...]"

Alexei Bueno

águas

debaixo da goiabeira

não é andar na chuva que nos faz doentes

tem mais a ver com
a roupa molhada que
não tiramos
e fica ali
colada no corpo depois
quando a excitação
já passou

a chuva,
se olhada debaixo
da goiabeira
de onde pingos grossos nos molham,
mais ainda, se
comendo um dos frutos
lavado, ensina o som
da paisagem
o ruído da queda
espirrada nas folhas
e nos olhos
que já não se lançam para longe

da árvore
do fruto

quedam ali
ouvido tato da vida ao redor
barulho da febre

se não tiramos a roupa

só

pisou devagar
para que a surda areia
debaixo dos chinelos
não acordasse os homens

madrugada abrindo
e a surpresa de estar
sozinho na praia
fez querer saber
da espuma que o mar
em segredo
cochichava.

(como se numa paisagem gelada
em que nem os pássaros aguentam
migram
e a quietude se impõe sólida
fazendo das pegadas do intruso
que espreme o gelo
indiscreta presença)

caminhou
para o imenso da cena
querendo nem que o vento
ruísse a solidão
em cuja carne
somente o vapor
ainda frio
lambia o ouvido
dizendo do sal
do salto
em que agora um peixe
rompe
pouco antes da morte

    risco certo da gaivota

dia nublado

tem dias no céu da cidade que tudo para.
uma grande nuvem alta
cor de fumaça e gelo
       distante.

(os mais entendidos dizem que não chove
sol também certeza que não)

apenas isso
essa cortina ao longe
coexistência do que não vai acontecer.

nesse saber que não
talvez um som patético
ou uma esquina apática
faça um corte
na temperatura
na têmpora

e o corpo
como espera

poema prefácio

já
tão pequeno advérbio
complica tudo
pois tem que ver com
uma certa pressa, há quem diga
que se opõe à espera,
mas também tem que
ver com o instante
o que não está em outro lugar.

imediato
não de imediatamente
mas de conexão direta
você e o seu redor
agora
já

cheiro som calor luz paisagem e você nela
segredo

o riso rápido de um lembrar.

não estar "atrás
do pensamento"
mas ser pensamento
corpo
na dança
do instante
com o mundo envolto
incompleto

aqui

o sol e o pescador

como se no nível dos pés
do violeta cinza
aquele incêndio em forma
de sol
longe mas já
definindo as cores todas
na face da pedra
do líquen
do sono ainda
e o frio.

alaranjando
o rosto quieto
de quem olha e
vê
o matiz de toda paisagem
antes de trazer pra areia
na rede
comida e trabalho.

param
para admirar ele vindo
sempre e de novo
mas diferente
e esse tudo ao mesmo tempo que nada

acontecendo
no segredo compartilhado
daquela gente
de maré.

assim o sol chegou na praia
de areia fria
mas já clara
e com pegadas
de homens mulheres fragatas
e o risco espesso
da madeira arrastada
na rotina deles

a escrita à espreita

é como quando nos damos conta
de que a luz fora na janela
já é mais do que a de dentro
e o olho com areia, cansado
da leitura, estômago roído
à cafeína

o vizinho acende a luz.

tudo parado na sala
restos da investigação noturna

cheia daquilo tudo que não compartilhamos
mas segue feito musgo
em nós
e penetra sob a pele
dos sentidos
quietos.

ou quando diante de um lago
vemos sem querer um peixe saltar
(prisma do sol esparramado

em escamas)
e ficamos ali
tentando adivinhar com os olhos
o próximo rasgo do bicho

só o molhado das marolas nos
olhando na beira
como um hipopótamo
e sua orelha.

espessuras do hiato
ainda não encarnadas em palavras

conversar com plantas

conversar com as plantas
é em outra linguagem
tem cor...   vento
cortes ásperos secos
e uma verdura cheia de marrons e ranhuras
em seixos   sombras

tem gotas
segredos de bichos
que espreitam, espetam
uma seiva de compreensão solitária
escorrendo nos sulcos
pingando no húmus.

no tempo da fruta
há o que avermelha
em casca doce

fino
por entre galhos
tramas
de uma paleta

sonora
o sol alarga e cega

casca e gosma
sexo vegetal
Leonardo Fróes
Guimarães Rosa
e se for com peixe
Ana Marques

textura das falas
estalos das línguas
fecundam os poetas e as plantas
o que dilata
palavra orgânica

reversos de cores

diferente do sol
que chega sem atrito
quieto e claro
a chuva
quando não manda um trovão
que vibra as paredes
dos tímpanos
chega avisando pelo nariz
(chão molhado)
ou pelo chiado estalado
da música rufa das coisas
sendo lembradas
mesmo fora da casa

uma massa sonora que no ouvido não derrama
mas no olho escorre

diferente do sol
que fura o ar invisível para se mostrar
nas formas e cores de tudo
que ele não é,
a chuva desliza nas coisas

podemos vê-la
contorno metálico das sombras,
se noite,

brilho translúcido
pingado,
se dia

manhã só

o vento escuro
quase frio
confundindo o verão das cigarras

um sabiá gordo molhado
camaleão na grama úmida
quieto respirando apenas

a castanheira   um ideograma preto
na luz indefinida
de uma manhã nublada

o farfalhar áspero de folhas
inunda a cena só
feito enchente
porém seca.

esse som ruído chiado
das plantas
abraça a nostalgia
dos sonos gastos
em costas cansadas

    na face
       dos primeiros instantes
no quadro do alpendre

madrugada pro fim

pequenas gotas na grama
mastigam passos de um homem
que se levanta a tempo
de ver o chão secar

sem vento
fermento do sol

na horta comunitária

o sol ainda em ângulo frio
e elas já na horta

bebem café à sombra, sedentas
por sujarem as unhas
em minhocas
raízes.

lá riem
segredam mudas
enfolham

recriam

modos de ficarem
longe,
no calor
dos insetos que fazem coçar

nos orgânicos que se decompõem
e voltam
alimentar,

também um jeito de estar fora
do alcance das máquinas cheias de si
e de barulhos inorgânicos das razões sem raízes.

esperam as chuvas
e o sol no solo

    poroso

    esperam

limiares

a noite dentro

é como ter a noite dentro

últimos passos com pressa
ritmando as calçadas
antes de calarem
em portas travadas a ferro.

grilos como finas corredeiras de água sem poça
em pedras invisíveis
verde bem escuro.

ao longe uma risada
alta indo ser feliz em bares
de outro bairro

aqui   caminho apenas
de luzes automóveis
e a borracha dura espocando
no asfalto preto, prata.

pirâmide pálida diáfana em cada poste
descendo magra em silêncio

testemunhas da solidão prática
de quem à janela
prefere o dia
para não ter que escutar
esse jeito vidrado
de ser só
à noite

concretudes antilíricas das cidades

não se imagina mais
uma cidade

fachadas de bares
mercearias impressionistas

cenários que aparecem
primeiro surdos
depois lentos no detalhe
de um objeto que traz a mitologia da infância
arrastada no adulto,

frio na barriga
e no pescoço do fim da tarde
      aquele outono
derramado na fragilidade de uma lembrança
que não vale a pena o esforço
de dizer
a outro,

essa cena transbordada
na escuta

de uma praça e suas vozes
é memorável mais que foto.

não se imagina mais
a madrugada de portas fechadas
uma tampinha sendo chutada
patas úmidas de um cachorro
solitário promíscuo

ou uma tarde
debaixo da árvore
onde a quietude da teia de aranha,
brilhando ao sol
ao vento,
sabe-se lá por que raio de mistério,
te encontrou pensando
em ter um filho

ou quando a rua em feira
quiasma dos sabores
aos gritos
enviesa mais um causo
um caldo,

pois logo se saca a máquina
de esquecer
testemunha fiel
da melancolia
da cidade se rarefazendo
contrariamente concreta
na fugacidade
das fotos
posts lacrados
em redes desconexas do tempo
o nosso

o outro lado da foto
(ou, das contradições do poema anterior)

porque a foto traz
quando feita sem pressa
não o que ficará
na moldura
exibido feito prova
de um passeio
um encontro

mas o calor que fazia
quando empoeirado
cansado alguém se arcou
para angular o quadro o fundo
a flor a pedra
na espessura de uma lembrança
que é atrás
da memória

carne vestígio
de um olho gasto
"na inspeção" do mundo

recreio

a escola fica na gente em carne viva
depois acalma

mas não dissolve traumas
amores temores odores.

é que depois entramos na
espessura do engano
onde a fantasia do tempo
nos faz menos risíveis

então fica o barulho
das coisas simples

solas de calçados arrastados na cancha
bola quicando
gritos esquivos de quem foge sem querer
ser esquecido

lancheiras se abrindo
poças d'água
folhas secas no esconderijo
onde disseram pra não ir

mas as vozes se afastando
o pátio esvaziando
e você quase se mijando
excitado e com medo
da descoberta
a de desobedecer
só
     volta correndo

se rindo ofegante

para a sala das mentiras bem contadas

onde todos também têm
os seus segredos

antes que o dia
(ou uma cena juvenil)

no terraço onde ninguém mais sabe
do piso frio onde transaram

da mureta
camada antiga
dos resíduos lá de baixo
mirante da cidade
se abrindo quase

a claridade diminui as pupilas
antes que o ruído prático
das máquinas suba
para agravar a ressaca
de quem com as coxas
ainda não lavadas
chupadas
sorri do segredo

que o vento agora arranha
arrastando os cacos
da noite ainda não
passada

velório

a imobilidade na face

o olhar longe em ponto fixo

corpo parado esquecido

o pensamento apático na lembrança
que desperta o outro corpo

parado ali no centro
da mesa e da sala
jazendo já.

quando não é a morte que nos cura
a dificuldade é
não saltar daqui
ao outro tempo, o que há *devir*

porém quando o corpo morto ao centro
impõe o silêncio
parece que ficamos
roendo o que passou
em vida
 estamos sempre

        a esquivar
        adubando a dor

telefonema e solidão

o passar da casa nos anos
de quem traz rugas
para cada ausente.

gestos medidos
calculados, pois ainda dói
tudo no corpo
da lembrança
de ligar todo domingo
bem cedo
ouvir as vozes que já preencheram tanto a casa
agora longes
em manhãs de domingos

e no resto todo da semana
o trivial que nunca é
só trivial pois
é a espera dos dias.

poucos minutos
(do outro lado sempre há pressa)
um beijo de até logo

(que sempre pode ser até nunca mais)
e o ranger dos utensílios
na espessura das ausências
na casa
      no pensamento
daquela que já foi
a mãe de todos

quase dormir ao sol

o contrário do peso
a superfície não suporta o corpo
pressionando contra a gravidade
ela vai se tornando corpo
junto à entrega

nessa vigília descuidada
de quase ser sono
a percepção do mundo sendo

em nós, porém
sem precisar de nós

como as palmeiras e as pedras
no poema que Gullar
triste fez pra amiga morta

como *o trabalho das nuvens*
o voo do pássaro branco
a padaria se abrindo cedo
a criança a escola
o ônibus cheio

o bem-te-vi na quina do prédio
o mato vivo na fresta
daninho
e a gente quase

    ligado por um fio
ao fermento que não cessa
de soterrar a cada instante
os olhos
        de Clarice

nunca antes

saber de uma coisa pela primeira vez
não entender
saber

como quem rasga com os dentes
fibras de uma carne
e sente escorrer o suco
do sentido

esse gosto é novo
é nunca antes

e apesar do sangue
(ou justamente por isso)
um contraditório gozo
segredo envergonhado
de estar excitado
com a dor
que vem nesse sabor

saber como quem simplesmente está
na carne do que acabou de saber
como sentir o sol
numa manhã de inverno

ou ver que o olho da sua paixão
está parado em você
e você nem sabia que ela te notava.

depois disso
caminhar pela cidade
qualquer vento no rosto

o rasgo da verdade
a vida vazando
você com o mundo

onde a falta

no quintal da casa o olhar distante
de uma mãe que cuida
da roupa no varal.

mas não é lá que está pousado
o olho
de quem enterrou o filho na manhã anterior

ele está em qualquer lugar
aquém-além
do sólido sentido

o fim.

os braços ainda firmes
chinelos arrastados
seguros do passo
deixam rastros
pegadas da indelével dor.

quem passa
crendo-se invisível
tropeça

então a cabeça da mãe
erguida alguns centímetros,
o olho não mais perdido,

crava na hesitação do passante
a cumplicidade muda de quem sabe
da aleijada solidariedade

antes que o dia

I

permanecer
talvez não seja
empoçar a água
interromper
paralisar
o fluxo

antes talvez
tenha mais que ver
com manter o movimento

um rio que contraria Heráclito
da passagem da água
rumo à não-repetição
do banho

justo daí
a intuição de que a substância
o que faz o rio ficar
sendo rio
é seu não parar

movimento molhado
de recusa.

II

na massa escura da cidade
às três e vinte da madrugada
uma sabiá canta em alto
só e bom som

não é como os pássaros de Drummond
aqueles do fim do dia
pouco antes da máquina
de explicação
que se diluem na sombra
com a noite chegada

aqui o pássaro, o bicho, já é
sombra e eco e música
antes que o dia
nos deixe surdos para pássaros.

lá um homem condenado
a andar   niilista

maneira só de saber do mundo
universo inverso da geringonça cheia
de verdades

aqui
ouvidos insones
presenteados pela cidade que dorme
sem mais saber do poeta aquele
que preferiu seguir andando
roto
pelo mundo das incertezas
que é sempre mais perplexo e bonito,
apesar da dor,
que o mundo da pós-verdade
em que o pássaro, esse agora,
podendo surgir com o dia que se aproxima
pulveriza-se na cidade cega
e surda em luz

III

ao fundo a massa de barulho
da cidade cedo
um chiado baixo

ainda pouco para ouvidos grossos
pouco afinados no silêncio

em primeiro plano
furando a concretude dos prédios
e da vida
o verde agudo da maritaca
rangendo acordes harmônicos metálicos
na massa urbana que inflama

um menino em cada frase

I

ultrassonografia.
filhos das imagens que somos
habitamos as paisagens com os olhos
pensamos.

agitação que nos ilude e alude
à certeza.

mas tem certas paisagens em que parece ser o som
a liga da composição
a matéria espessa do real.

um coração minúsculo
rápido preenchendo
a sala

a imaginação

II

a vida posta
dura
em singela
forma pequena
que rasga qualquer lugar morno
e escava no medo
de não conseguir
    a coragem

pra não conseguir.

III

                              (visita ao biso)

aquela era a casa
a mesma
a da infância

dentro dela o avô
agora bisavô
e as tias

derramadas em cuidados
com o ancião
com as plantas

com as histórias todas
recolhidas nos detalhes dos porta-retratos

dos cantos limpos.

à mesa o café

os pardais
o pé de limão
agora morto

não cheira mais
suporta apenas
bem-te-vis e canários

que bebem água no prato
deixado na brita da lembrança.

tudo onde nunca
e agora sempre
está o menino

ligando as pontas
da memória aquela
no vão dos dois

sorrisos que abrem
a fenda enfim
do mundo

o tempo

rasgo da lembrança

para Leonardo

uma pessoa só consegue voltar no tempo
da lembrança
até cerca dos 3 anos
dizem

parece então
que naqueles momentos mais hesitantes
de quase pavor quando
nos vemos sós
com nosso rebento em flor

aqueles em
que falta certeza em tudo
e completamente desajeitados
flagramos, quietos
cansados, a percepção
das mãos, dos pés
da boca do corpo
jogado em tudo que no mundo
não é ele, ainda

e que entre um corte e outro
da boca em dente
da face em queda

seus mais sólidos (e insólitos) segredos estão
forjando terreno para existir

nesse milésimo instante
(a batida e o peso do beija-flor)
em que a pesquisa prévia (aquela de ser pai)
se lacera
e a vida rompe a rigidez do rosto
revelando o grau zero do mistério

justo esse momento
em que não precisamos dissimular o medo
sós que estamos
juntos
não ficará acessível à memória do infante
depois grande
sujeito ao mundo.

talvez seja essa
a doação mais insana
de um para o outro

aquela em que sequer o rastro
da lembrança irá nos homenagear
confiar, agradecer

e como vida é também loucura
    justo nesse hiato
do mais absoluto descontrole é que

perto de quase tudo
de uma pessoa
irá beber na tempestade dos sentidos
os mais estranhos e implacáveis
da vida a vir
    uma improvável água limpa

filtrada em duras penas
de esquecimento.

e no canto do olho
desconfiado

parece que estará
sempre
a cumplicidade

de um nebuloso
e imaginado passado

onde enfim a vida
arranha

quatro quadros de Myonghi Kang

(pintora do tempo)

I

não é o tempo de
mas o tempo das
camélias

não é a estação
quando comumente
as vemos abertas
floridas

é sobre o tempo delas
de água penetrando cada tecido
aquecido
pelo sol

dos nutrientes
do barro
entrando no corpo
raiz

e também o tempo
de entender com os olhos
o que o vento
poeira

ruído
silêncio roído
fezes e fúria
de bichos
de pragas
e a solidão
da espera
mancharam
naquele canteiro

   agora na paisagem

II

como se a água no ar
em verdes texturas
escorrendo
na tela abrisse
fendas
para o descanso do olho
      e do vento

III

ou no gelo a erupção
pus da terra
escorresse cor quente
num rio infeccionado
de tinta e silêncio

IV

é o próprio tempo
visto
a tempo
no brilho da areia
lavada na volta
da onda
palimpsesto líquido
da praia sendo
curada
    em intervalos

    longos

casas

I

sem jardim onde um sonho repouse
telúrico

cheio de coisas da prática
das lidas dos outros

grandes que sabem o que fazem
com as palavras

que não brincam
com o menino no chão.

de um ponto mais baixo
de vista

ossos que ainda permitem sentar
horas sobre o joelho

o menino se havendo
e sorrindo em calçadas

da futura memória

II

na da avó
o chão era de madeira
lustrosamente escovada.

ainda na cama cedo
o peso pisado tremia as paredes
também de madeiras

e junto com o dia
vinha um cheiro de mate
pão de casca lisa
cilindrado
e a toalha dobrada em meia mesa
para os que despertavam mais tarde

uma coisa confortável
abraço que antecipa a saudade.

hoje não tem mais
o chão de madeira
nem a casa
nem a avó
nem o quartinho de costura

que mais parecia uma oficina
aos infantes

no lugar
uma casa de dois pisos
de alvenaria
sem pão
sem cilindro
mate gelado e doce

mas tudo ainda está
no reverso da matéria

nas imagens do menino

dentro

III

a cortina ensinou
pela sombra atrás
que é melhor esperar o sono
de olhos fechados

mas o sótão na criança
pede que espie
de tempo em tempo
só pra testar o limite do medo
que dá o eterno da noite

durante os cinco minutos
antes da queda
do olho
em profundo
sono

IV

o que deve acontecer nos cômodos
parados enquanto todos dormem?
o trabalho artesanal de um bicho
nos ciscos caídos do dia?

um vento noturno
frio
da janela esquecida?
insetos de dentro
ouvindo insetos de fora
(que não cantam porque é noite,
mas sim para existir a noite)?

na dúvida
melhor guardar os heróis
dentro da caixa
de papelão

frágeis
não suportariam os segredos
sujos da noite

que dão esse frio
na barriga da imaginação

V

tem também aquela
de muro sem reboco
onde se gasta as pontas dos dedos
rala o peito
o joelho

de inveja do gato
tão versado no corpo
de silêncio

que chega e vai
macio ágil
e cúmplice
do olho do menino
catalizador da plasticidade

anatomia do mistério

VI

para Allan da Rosa

é de escutar
aquela em que nunca habitamos
equilibrista sobre palafitas
o contraste do ouvido
com o nariz

água que corre
bate em pedra, madeira
tem sempre aquele arrastar lírico
abertura dos tempos

cheiro que sobe
fermentando realidades impostas
flecha na história um outro tempo
em que o sonho dói
sugerindo um reverso de rio
voltar

mas esse tempo
do cheiro e do som
é exatamente como o rio
alimenta-se de margens de diferentes terrenos
que embora não seus
passam a compor o ritmo do leito
o ritmo do nado de quem tem tudo
pra dizer
sobre essa terra que o cerca
feito um cão
reinventando suas plumas

poesia para rebentar
inventar
novos jeitos de
morar

VII

quando posta à venda
assombra
não pelo receio de perder
patrimônio
dinheiro

pelo drama
de não ter mais paredes
varanda e jardim
para as lembranças
dos anos lá cravados

no som
e no frio
das primeiras horas
das nuvens
que aguavam o pardo
do pássaro no forro
ou nas gargalhadas da família
embriagada antes que o domingo
se perdesse.

tem ainda as noites no sótão
solitário estudo de si
e os dias na sala
fermento do disfarce
das inseguranças

lugar de fazer de conta
que somos fortaleza
pra evitar que a fortaleza
de fato
a casa
desabe sobre a cabeça dos medos juvenis.

melindre de perder o que já se foi
mas que ainda vive
lá

VIII

os paranhos da casa
nervos esquecidos
do tempo
putrefando ainda

mestres das ruínas
e dos modos
de habitar

o corpo
da verdadeira casa

a carne

Riscos de permanência, nos diz este título novo de Cristiano de Sales. Mas o que é permanecer, afinal? Um poema aqui nos diz que tem mais a ver "com manter o movimento", e esse parece ser, ao fim e ao cabo, todo o espírito do livro. Uma sequência de versos que vai contemplando o mundo, dentro e fora, presente e passado, especulação e memória, "e o corpo / como espera". Um movimento delicado de observação dos espaços de vida na cidade e no campo, na rua e entre amores, de quem consegue, por exemplo, perceber atentamente que "a chuva desliza nas coisas / podemos vê-la / contorno metálico das sombras, /se noite, // brilho translúcido / pingado, /se dia". Um gesto que melancólico também anota como:

porque a foto traz
quando feita sem pressa
não o que ficará
na moldura
exibido feito prova
de um passeio
um encontro

o rasgo da verdade
a vida vazando
você com o mundo

Riscos. De. Permanência. Entre o desafio de traçar esses riscos, rabiscos, que são a poesia. E correr o risco que deve ser a poesia. O risco de fracassar, de não permanecer. Ou de permanecer demasiado. Cristiano aqui celebra o que há de mais humano: passar, e saber que vamos todos passar, que qualquer experiência mínima de pensamento, afeto e estese, ganha toda sua força pelo fato de que só se permanece em movimento, assim contraditoriamente; e só resta aos que restam "o riso rápido de um lembrar", se soubermos bem como lembrar, como atentar.
Escrever um livro, aqui, como este que temos em mão, agora, como tudo que temos, é outro nome para viver o risco de permanecer num mundo abençoado de finitude.

Guilherme Gontijo Flores

Agradecer sempre,
Cristina, barco-oceano no chamado à vida.
Guilherme Gontijo, olho-navalha na força do verso.

Este livro foi produzido no Laboratório Gráfico
Arte e Letra, com impressão em risografia
e encadernação manual.